LACHAMBEAUDIE

EN COURS DE PUBLICATION

CHEZ LE MÊME LIBRAIRE

MÉMOIRES DE NINON DE LENCLOS

PAR EUGÈNE DE MIRECOURT

60 livraisons à 25 centimes, avec gravures.
18 fr. l'ouvrage complet par la poste.

OUVRAGE TERMINÉ

CONFESSIONS DE MARION DELORME

PAR EUGÈNE DE MIRECOURT

60 livraisons à 25 centimes, avec gravures.
18 fr. l'ouvrage complet par la poste.

PARIS. — IMP. SIMON RAÇON ET COMP., RUE D'ERFURTH, 1.

LACHAMBEAUDIE

LES CONTEMPORAINS

LACHAMBEAUDIE

PAR

EUGÈNE DE MIRECOURT

PARIS
GUSTAVE HAVARD, ÉDITEUR
15, RUE GUÉNÉGAUD, 15

1857

LACHAMBEAUDIE

Trop souvent il arrive que les méchants entraînent les bons dans l'abîme.

Vous souvient-il de l'époque sinistre où la discorde, hurlant dans nos cités et dans nos campagnes, semait la haine au cœur du riche et du pauvre, deux frères que la religion seule peut unir, parce qu'elle leur montre le ciel?

Heureusement ces mauvais jours ne sont plus.

Il est passé, — n'en déplaise aux démocrates incorrigibles de la *Revue de Paris*, — ce temps où les brouillons, les sophistes et les faux docteurs jetaient au peuple leurs superbes discours, inféconde rosée de démence et d'orgueil qui enlevait toute force et toute vitalité au champ du labeur et de la production.

Dieu a éloigné de nos lèvres le calice d'amertume.

Justice est faite des empoisonneurs; ils sont à l'état de vipères dont on a brisé la mâchoire et les crochets à venin.

Le pays, qui voudrait oublier jusqu'à

leur nom, respire et travaille en paix.

Au milieu de la horde impudente de ces hommes de mensonge, pourquoi trouvons-nous un esprit sympathique, un cœur honnête, un nom cher aux lettres et à la France?

Le poëte auquel nous consacrons ce volume a été la dupe évidente de ses collègues en socialisme.

Trompé par de faux apôtres, il a cru à leurs grandes phrases, parce qu'il avait de grands sentiments. Il est égaré, mais il n'est point coupable. La proscription qu'il partage avec des amis pervers lui laisse notre estime et lui donne droit à notre pitié.

Pierre Lachambeaudie vint au monde en 1806, à Sarlat, chef-lieu d'arrondissement de la Dordogne, et patrie du célèbre traducteur de Plutarque, honoré au seizième siècle de l'amitié de Montaigne [1].

Son père, simple paysan de la banlieue de cette ville, était un homme à peu près dénué d'instruction, mais possédant au plus haut degré cette intelligence pratique et cette finesse native qui sont l'apanage des enfants de la Gascogne.

Il cultivait, comme métayer, la portion la plus considérable d'une ancienne terre seigneuriale, et jouissait d'une certaine

[1] Étienne de la Boétie.

aisance relative, qui le faisait presque passer pour riche aux alentours.

On l'appelait *monsou* Lachambeaudie à cinq lieues à la ronde.

Ce titre honorifique et les saluts qui l'accompagnaient montèrent la tête au brave laboureur. Il s'exagéra son importance et afficha le dédain le plus profond pour les travaux champêtres, afin sans doute que chacun pût conclure qu'il était digne de s'élever à une condition plus haute.

L'éternelle habitude de l'homme, ici-bas, est de n'être jamais content du lot qui lui est échu dans la grande loterie de l'existence.

— Quel métier ! quel métier ! répétait à tout propos Lachambeaudie père. Être à la merci du premier nuage venu qui, s'il tombe en grêle, saccage la vigne et les moissons en un clin d'œil; craindre la chaleur, le froid, la pluie, la sécheresse; travailler comme un nègre; suer sang et eau, et pour gagner quoi ? moins que rien. Le commerce, mordioux ! voilà qui rapporte gros, et sans beaucoup de peine. Aussi mon fils entrera dans le commerce, ou j'y perdrai mon nom !

Le cher homme avait, comme on peut le voir, d'ambitieuses visées à l'endroit de sa progéniture.

Pierre, à l'âge de six ou sept ans, fut

envoyé à l'école et ne vagabonda point avec les petits pâtres dans les prés ou sur la lisière des bois.

C'était un enfant plein d'intelligence, pétulant, vif à l'excès, mais ayant de singuliers retours de rêverie et de contemplation.

Voici quelques vers écrits par lui sur son enfance.

On y voit percer déjà son candide socialisme.

Un usage bien doux régnait dans mon jeune âge :
Tous les jours les enfants, munis de leur bagage,
Se rendaient à l'école, et, suivant la saison,
Sur une longue table ils versaient à foison
 Figues, raisins, gâteaux, fromage,

Pains de maïs, de seigle, de froment.
Chacun selon son goût s'en donnait librement.
Les plus riches, pour tous, puisaient dans leur corbeille
Les débris délicats du souper de la veille ;
Et, si l'enfant trop pauvre à la communauté
    N'avait rien apporté,
On choisissait pour lui, sans blesser sa misère,
    Les morceaux les plus savoureux.
Comme nous nous aimions ! que nous étions heureux !
Aussi, chaque matin, le maître, à l'œil sévère,
Me voyait dans sa classe arriver sans retard,
Non pas pour les leçons, que je ne savais guère,
Mais pour ce doux festin où tous nous avions part.

Notre héros se calomnie, en insinuant qu'il sacrifiait l'étude à la gourmandise.

Moins de deux années après, son magister, le ramenant un soir à la ferme, se prit à dire sur un ton fort humble :

— En vérité, papa Lachambeaudie, je

volerais les mois d'école, si je conservais ce garçon-là. Je n'ai plus rien à lui enseigner.

— Bah ! fit le paysan.

— Vous pouvez me croire. Ah ! c'est dommage ! Si je savais un peu de latin, je le pousserais loin.

— Peste ! du latin... Voilà qui doit être utile dans le commerce. J'y songerai, fit notre laboureur, toujours à cheval sur son idée favorite. Eh ! pardine, sans aller plus loin, nous avons monsieur le curé ! C'est un homme à latin, celui-là ; qu'en dites-vous ? Je vais au presbytère lui toucher deux mots de la chose.

Il s'affubla de son frac des dimanches

et se dirigea vers la maison du pasteur.

Celui-ci connaissait l'enfant.

Plus d'une fois il avait fait l'éloge de son application merveilleuse, de son naturel doux et de son intelligence précoce. Il consentit à le prendre pour élève.

Le lendemain, notre héros entrait à la cure.

Et, puisque nous y sommes, adressons en passant aux prêtres de nos campagnes, tous hommes sages et disposés à faire accueil au vrai comme au juste, une remarque dont ils apprécieront peut-être la justesse.

Pour eux c'est un point d'honneur de

peupler les séminaires de sujets de leur choix, dont ils devinent les talents, qu'ils instruisent gratis, et qu'ils forment, nous le savons bien, pour la gloire du sacerdoce.

Mais, hélas! que deviennent la plupart de ces petits paysans, arrachés à la glèbe paternelle?

Ils deviennent des Pierre Dupont, des Raspail et des Lachambeaudie.

Presque toujours à côté de l'intelligence la nature place les passions vives. Un instant comprimées sous l'habit du lévite, elles éclatent plus tard avec violence. Mauvaises conseillères, elles chassent ordinairement la foi pour la remplacer par le doute.

Alors surgissent au milieu de nous ces apôtres d'une religion nouvelle, qui préconisent la satisfaction des sens, le matérialisme et le partage des richesses.

Ils prêchent ce joli dogme avec toute l'onction qu'ils ont puisée dans le sanctuaire.

Leurs allures évangéliques ne se perdent pas ; ils les conservent dans cet apostolat de mensonge, et séduisent aisément le peuple, qui s'émerveille de voir les fausses doctrines habillées comme les véritables, et se présentant avec un air de candeur, avec une apparence de conviction profonde.

Voilà ce que vous gagnez à vous mettre

à la recherche des intelligences enfouies et à prendre ces jeunes villageois à l'agriculture pour les jeter hors de leur condition sociale.

Ils font usage des armes que vous leur avez mises entre les mains ; ils les tournent contre la religion, contre la société.

Beati simplices, a dit le Christ.

Cherchez les simples pour les envoyer à l'autel. Bornez-vous à élever des passereaux : Dieu saura bien trouver les aigles, s'il en a besoin pour maintenir son œuvre.

Mais continuons notre histoire.

Sous la tutelle du bon prêtre qui se chargeait de le diriger dans ses études, Pierre Lachambeaudie ne tarda pas à faire des progrès rapides.

Le sentiment chrétien se développait dans son cœur en même temps que la science.

D'une piété séraphique, il servit la messe jusqu'à l'âge de quinze ans, bien décidé à la dire lui-même un jour, si Dieu lui en octroyait la grâce.

Légèrement gangrené par cette propagande irréligieuse qui, toujours en lutte avec les congréganistes de l'époque, répandait le *Voltaire des campagnes* à des milliers d'exemplaires, le métayer ne vit pas sans un certain déplaisir la vocation de son fils.

Néanmoins il ne crut pas devoir y mettre obstacle, et répondit, en véritable esprit fort, à ceux qui lui adressaient quelques observations à cet égard :

— Que voulez-vous? les prêtres nous vendent les enterrements et les baptêmes, c'est un commerce comme un autre !

Le curé n'était pas très-bon latiniste ; mais il avait de la littérature.

Il possédait surtout un trésor inappréciable aux yeux du jeune élève, c'est-à-dire trois ou quatre cents volumes, parmi lesquels les ouvrages théologiques ne tenaient qu'une place médiocre.

Or, le premier livre qui tomba dans les mains de notre héros le transporta d'enthousiasme.

C'étaient les *Fables* de La Fontaine.

Il consacrait à cette lecture tout le temps que lui laissaient les versions, les thèmes et l'exercice de ses devoirs pieux, qu'il remplissait avec une exactitude entière.

« Dès mon plus jeune âge, dit la Condamine, je savais imperturbablement par cœur toutes les fables de La Fontaine; mais j'avoue que je n'en compris pas un mot avant de les avoir relues à dix-huit ans. »

Lachambeaudie fut plus sagace ou plus heureux.

Il pénétra le sens délicat et profond de chacun de ces petits chefs-d'œuvre, juste au même âge où l'illustre savant les récitait comme un perroquet dans le boudoir des marquises poudrées et dans les salons de Marly.

Après tout, la Condamine n'était pas destiné à devenir le La Fontaine de son siècle.

Donc, le jeune écolier s'éprit pour les fables d'une passion réelle.

Essayant d'abord de rimer, à l'exemple du *bonhomme*, quelques sujets simples puisés dans son imagination d'enfant ou dans ses lectures, il fit voir ce premier essai poétique au curé, qui se hâta de lui apprendre les règles de la prosodie.

C'était un encouragement formel.

A onze ans, Pierre avait déjà composé tout un recueil de fables.

Mais, en ce monde, tout n'est qu'heur et malheur. Un jour, le hasard fait tomber sous les yeux de Lachambeaudie père certain manuscrit sur papier vélin, copié soigneusement et cousu de faveurs roses.

Le paysan curieux ouvre ce cahier splendide, orne son nez de besicles, et se met à parcourir les premières pages, afin d'examiner par lui-même le sujet d'étude auquel son fils consacre toutes ses heures de loisir.

Il s'attend à trouver quelque passage d'histoire ou quelque analyse de catéchisme.

On juge de son ébahissement lorsqu'il se voit transporté dans un monde fantastique, où discourent les bêtes, les arbres, les fleurs, et jusqu'aux légumes.

Rien ne lui semble plus absurde au monde, il entre dans une colère épouvantable.

— Ici, gueusard ! crie-t-il en apostrophant Pierre. *Cap dé Dious !* (on frémissait dans la maison quand il proférait ce juron terrible) tu vas me dire où tu as pris toutes ces bêtises-là !

— Des bêtises, père !... mais ce sont

des fables ! murmure notre héros intimidé.

— Hein ?... dis plutôt que ce sont des mensonges, des contes à dormir debout. Si c'est Dieu possible ! des bêtes qui parlent absolument comme moi, ni plus ni moins ! reprend le métayer quelque peu radouci.

— Je vous assure, père...

— Silence ! Oserais-tu dire que M. le curé t'a donné de pareils devoirs ?

— Non, mais il m'a permis...

— Tu n'es qu'un menteur ! Où as-tu pêché ces inventions ?

— Nulle part. C'est moi qui les ai faites, père.

— *Cap dé Dious!* tu as donc le cerveau timbré, malheureux! dit le villageois, rendu par cette réponse de l'enfant à toute la violence de son courroux. Tiens, voilà ce que j'en fais de tes fables!

Un feu de sarments flambait dans la cheminée : il y jette le manuscrit à faveurs roses.

Pierre s'élance pour sauver son œuvre ; mais ce trait d'héroïsme ne lui rapporte que de cruelles brûlures aux mains.

Les précoces élucubrations de sa muse étaient en cendres.

« Et ce fut ainsi, nous dit-il gaiement lui-même, que le tome premier de mes œuvres se trouva perdu pour la postérité. »

Notre poëte revient souvent sur ses jours d'enfance. Écoutons-le raconter une de ses premières joies mondaines :

Voici l'histoire d'un habit,
Qui, par hérédité, jusqu'à moi se transmit.
Mon aïeul (il parvint à l'extrême vieillesse)
A sa mort seule le quitta ;
Cent fois mon père le porta
Dans les beaux jours de sa jeunesse ;
Puis votre serviteur enfant en hérita.
Messieurs, à ma pensée il apparaît encore,
Avec son drap chamois doublé de soie aurore,
Ses pans flottants et ses larges boutons:
Dans cet accoutrement, je marchais tête fière,
Me rendant à l'église aux jours des grands sermons.
Les basques descendaient plus bas que mes talons,
Et, battant le pavé, soulevaient la poussière:
On riait, je ne riais point.

L'auto-da-fé brutal dont ses chères poésies avaient été victimes ne découragea point le jeune élève.

Il continua de se délasser des travaux sérieux par les douceurs de la versification.

Seulement il ne laissait plus traîner ses œuvres, dans le but louable de ne point offusquer l'intellect paternel, décidément rétif aux fictions de la Fable.

A l'âge de quinze ans, il fut reçu dans un collége ecclésiastique, où il acheva ses études.

Sur ces entrefaites, le curé qui avait été son premier maître vint à mourir.

Pierre n'avait plus les conseils du saint homme pour le diriger pendant les vacances, et l'orage des passions grondait, la piété suivait une marche décroissante; les rêves dangereux du sentiment trottaient dans la cervelle de notre lévite avec des rimes plus ou moins folâtres.

Bref, il ne rentra plus au séminaire.

— En ce cas, lui dit le métayer, tu vas choisir un autre genre de commerce, mon garçon.

— Volontiers, répondit le jeune homme. Il n'y a qu'un léger obstacle, c'est que je suis peu versé dans l'arithmétique. Je traduis à livre ouvert du grec ou du latin; mais dans le commerce il faut autre chose. Laissez-moi travailler quelque temps au logis paternel, afin d'acquérir les connaissances qui me sont indispensables.

— Allons, soit, puisqu'il le faut, dit le père; mais dépêchons-nous !

Notre ex-séminariste jouait tout bonnement au diplomate.

Le commerce lui était antipathique, et, d'ailleurs, il tenait à ne pas s'éloigner d'une jeune paysanne du voisinage, dont le sourire avait été pour beaucoup dans sa détermination de jeter le froc aux orties.

Il espérait composer pour elle une foule d'églogues et lui lire ses fables dans les prairies verdoyantes ou à l'ombre des grands bois.

Mais, hélas! on découvrit le secret de ces champêtres amours.

Pierre eut l'ordre de faire sa malle au plus vite et de partir pour Lyon, où il entra chez un commissionnaire d'entrepôt.

Il y resta trois ans à remplir les devoirs de sa charge de commis, sans le moindre attrait, nous devons le dire, mais avec beaucoup de conscience; il se consolait en faisant des vers et cachait sa muse de fabuliste sous un voile mystérieux, impénétrable à tous les regards.

Jamais son patron ne devina le poëte sous le teneur de livres.

Les appointements du jeune homme étaient modestes; mais ils suffisaient à son existence calme, rangée, laborieuse. Il pouvait librement disposer de ses soirées.

Tous les jours, à six heures précises, il avait le droit d'être amoureux et poëte.

Amour et poésie sont frère et sœur.

Que d'hymnes sonores ils chantent ensemble dans une âme de vingt ans!

Comme le Dante, Pierre n'avait pas sa Béatrix. Il adorait toutes les femmes, brunes ou blondes, n'importe.

Le principal était qu'elles fussent jeunes et jolies.

Or il y a beaucoup de jeunes et jolies

femmes à Lyon. C'est même une spécialité remarquable de la cité des canuts. Le poëte en aima donc un grand nombre, et, pour cela, nous désirons qu'il lui soit beaucoup pardonné.

Cependant, un beau jour, il se lassa de la vie monotone du magasin.

— Je ne serai jamais qu'un commis médiocre, pensait-il, et je suis engagé dans un chemin sans issue.

D'autre part, il avait en portefeuille une assez raisonnable collection de vers, dont il brûlait de composer un volume.

Ses épargnes lui permettaient ce luxe.

Imprimer son recueil dans la seconde ville de France eût été le parti le mieux entendu dans l'intérêt de sa renommée future : il n'y songea même pas un instant.

Le vieux métayer venait de mourir.

Pierre avait encore en Gascogne une mère et une sœur. Il abandonna sa place pour aller les rejoindre, et pour offrir à ses compatriotes la dédicace de son premier poëme.

Nous ignorons si les *Essais* de Lachambeaudie, publiés à Sarlat vers l'an 1827, obtinrent quelque vogue dans ce pays lointain; mais force nous est de déclarer que partout ailleurs ils restèrent inconnus.

Certes, la faute n'en est pas au livre

lui-même, où se révèlent des germes incontestables de talent [1].

Malgré ce médiocre succès, le poëte ne se décida point à reprendre les chaînes qu'il avait rompues. Voyant briller au-dessus de lui le chaud soleil de la Dordogne, il frissonnait en songeant à la cité lyonnaise et à son humide atmosphère.

Le patois gascon lui semblait la langue des dieux.

Il fallut néanmoins s'arracher aux délices du sol natal. Des revers de fortune accablèrent sa famille, et bientôt il dut s'enquérir de son pain de chaque jour.

[1] Une partie des pièces qu'il contient a été réimprimée dans les éditions subséquentes des œuvres de Lachambeaudie.

On lui offrit un emploi dans l'administration du chemin de fer de Roanne à Lyon.

Lachambeaudie accepta cette offre avec reconnaissance, et, quinze mois après, on l'éleva au grade de chef de service.

Nous devons le dire, ce fut le plus heureux temps de sa carrière.

Ses fonctions lui donnaient quelque relâche et le laissaient assez indépendant pour qu'il pût, dans le calme d'une honnête aisance, lâcher bride au démon familier de la rime.

Il devint rédacteur en chef des *Echos de la Loire*, revue poétique, à laquelle collaborait un jeune homme appartenant à

une famille distinguée de la province,
M. Fialin de Persigny.

En ce temps-là, vous aviez, ô poëte!
l'*aurea mediocritas* dont parle le protégé
de Mécène.

Alerte et joyeux, vous marchiez sur un
chemin fleuri, que n'entravait aucun obstacle et que n'embarrassaient point les
ronces.

Mais votre génie inquiet vous poussait
aux aventures.

Vous portiez au front la marque fatale.
Il vous fallait à tout prix remporter des
couronnes et gravir à la célébrité, montagne fulgurante comme le Sinaï; mais
dont il est impossible d'atteindre la cime

ardue sans laisser à chaque sentier des lambeaux de sa chair et de son cœur.

Le jeune homme en est donc à cette période de crise dangereuse et de solennelles espérances, quand débarque tout à coup à Saint-Étienne une troupe singulière, dont le costume et les allures impressionnent vivement les provinciaux candides.

Ces individus portent un béret rouge, une tunique bleu-barbeau, serrée à la taille par une ceinture de cuir noir, et descendant jusqu'à mi-jambe en plis froncés, avec une large bordure écarlate.

Un plastron en étoffe blanche, sur lequel

se lit le nom de chaque personnage, remplace le gilet absent.

Tous, ainsi affublés, marchent au milieu de la population qui s'émerveille, et qui demande si l'on est en carnaval pour jouir gratis de cette burlesque mascarade.

Or ne riez pas, s'il vous plaît !

Nous sommes en présence des missionnaires, ou, si vous l'aimez mieux, des apôtres de l'église active et militante de Saint-Simon.

Ils parcourent la province pour y répandre les lumières de la foi nouvelle, déclamant contre l'ordre social, contre l'Évangile, et annonçant de la façon la plus imperturbable aux esprits faibles et aux curieux, qui affluent à leurs prêches, l'émancipation de la chair, l'affranchissement de la femme et la chute définitive et prochaine du dogme chrétien.

Les gaillards ont des poumons vigoureux, et même quelque éloquence.

Pierre Lachambeaudie se déclare leur néophyte.

Nécessairement ils auront besoin d'un poëte pour chanter leur triomphe et la ruine du christianisme. Quelle magnifique occasion pour sa muse !

Il brûle ses vaisseaux, se démet de son emploi et suit à Paris les hommes au béret éclatant.

Une aussi vive ardeur est appréciée de nos apôtres.

On admet le poëte aux enivrantes soirées de la rue Monsigny. Là se trouvent des salons magnifiquement meublés. Vingt lustres y jettent des flots de lumière, et une foule de jeunes dames, couronnées de diamants et de fleurs, écoutent la parole sainte qui tombe des lèvres du *Père* Enfantin et de celles des *cardinaux* Laurent (de l'Ardèche) et Michel Chevalier.

Les sermons avaient lieu entre une valse et une contredanse.

Quant aux rafraîchissements, ils sortaient de chez Tortoni.

Par malheur, cette existence enchanteresse ne dura qu'une saison. La muse de notre héros chercha vainement à glorifier le sublime apostolat de ces messieurs.

D'autres vers, beaucoup moins bons que les siens, chantés par l'acteur Lepeintre jeune, étaient applaudis chaque soir au théâtre, et couvraient la secte de ridicule.

Voici le couplet :

> Oui, les farceurs saint-simoniques
> Sont bafoués de toutes parts;
> C'est comme feu les romantiques...
> Chaque époque a donc ses jobards!
> Le ciel en pitié les regarde;
> Mais quel moyen de les sauver?
> Quand le bon sens descend la garde,
> On ne peut plus le relever.

Bientôt le sacré collége quitta la capitale.

Lachambeaudie fut au nombre de ces bizarres solitaires de Ménilmontant que les Parisiens allaient voir comme autant d'animaux curieux.

On ne payait pas, la foule était innombrable.

Une fois ce couvent de nouvelle espèce fermé par ordre de police, Pierre n'eut plus d'autre ressource que d'accepter une place de maître d'étude dans une obscure pension.

Les saint-simoniens s'étaient dispersés à tous les vents.

Il se trouvait isolé dans la grande ville, sans relations, sans crédit, au milieu d'un véritable désert d'hommes.

Ce fut un affligeant réveil pour le pauvre poëte.

Enfin il comprenait qu'il avait fait fausse route et poussait un cri d'angoisse en sondant l'horizon derrière et devant lui.

Les vers que nous allons citer témoignent du trouble de son âme et du profond découragement auquel il se trouvait en proie.

J'avais quinze ans, lorsqu'un vieillard morose
    Dit à mon père : « Écoute bien,
L'art de prédire est une triste chose...
    Jamais ton fils ne fera rien. »
   De la boutade du vieux sage
    Incrédule, j'ai ri longtemps ;
Hélas ! trop bien s'accomplit le présage !
Je n'ai rien fait, et j'ai déjà trente ans.

Je bâtissais des châteaux sur le sable,
 Châteaux qui ne vivaient qu'un jour ;
Je poursuivais un rêve insaisissable,
 Un rêve de gloire et d'amour.
 Après une trop longue enfance,
 J'ai vu s'envoler mon printemps.
Adieu l'amour ainsi que l'espérance !
Je suis bien pauvre, et j'ai déjà trente ans.

J'aime les arts que le peuple idolâtre ;
 J'aime les vers, enfants du ciel ;
J'aime la lyre et les chants du théâtre,
 Et les Vierges de Raphaël.
 Mais, comme un mendiant contemple
 De loin les palais éclatants,
Je ne m'assieds qu'à la porte du temple ;
Je suis sans gloire, et j'ai déjà trente ans.

D'autres épreuves plus cruelles attendent le poëte.

Bientôt il renonce à cette humble posi-

tion de maître d'étude, qui lui fait payer
par trop de souffrances et par trop de contraintes le privilége de manger tous les
jours et de dormir sous un toit.

Nous voyons commencer pour lui cette
misérable existence, qu'il a presque continuellement traînée depuis cette époque.

Il subsiste, durant une année entière,
avec moins de cinquante centimes par
jour, et couche, aux environs de la Halle,
dans un de ces bouges connus sous le
nom de garnis à la *corde* [1].

Mais cette épouvantable détresse ne

---

[1] Trente ou quarante hommes sont entassés pêle-mêle dans la même chambre sur un lit de paille. Une corde tendue leur sert d'oreiller.

peut éteindre la flamme inspiratrice qui brûle dans son cerveau.

Françoise d'Aubigné, devenue madame Scarron, remplaçait par une histoire le rôti qui lui manquait.

Les jours où Pierre n'a pas soupé, il oublie la faim en rimant une fable, et s'endort bercé par la muse.

Un soir, il rencontre dans sa pauvre chambrée un poëte aussi à plaindre que lui.

C'est Édouard Neveu, l'élégant traducteur des *Odes* d'Horace.

Frères par l'intelligence et par l'infortune, ils se donnent réciproquement leurs œuvres. Lecture faite de la traduction d'Horace, notre héros improvise les tercets suivants :

Voici que le printemps ramène l'hirondelle ;
Sur l'aile du zéphyr, elle revient fidèle
Saluer nos prés verts et notre ciel d'azur.

La vie, ô mes amis ! n'est qu'une ombre légère.
Allons, la coupe en main, danser sur la fougère
Et couronner nos fronts des roses de Tibur !

Que dis-je ? de l'hiver souffle la froide haleine.
L'urne de mes festins, c'est l'urne de la Seine ;
Avec les passereaux je loge sous les toits...

Ah ! c'est que je rêvais en lisant ton Horace !
Et ces songes dorés, que le réveil efface,
Je veux dans tes beaux vers les puiser mille fois.

Édouard Neveu mourut sur le grabat d'un hospice.

Lorsque l'inspiration dictait à Pierre des strophes comme celles qu'on vient de lire, ou quelques-unes de ces fables ravissantes que tout le monde aime, il entrait dans une bibliothèque et se hâtait d'écrire les vers nouveaux à la suite de son recueil.

Il le portait sans cesse avec lui, *omnia secum portabat.*

Depuis longtemps il avait perdu l'habitude des meubles et des armoires.

Si les bibliothèques étaient closes, montait chez le premier camarade venu.

Cette profonde misère n'abattait point

son âme énergique, mais elle détruisit complètement sa santé.

Bientôt il fallut le conduire à l'hôpital.

Le jour même où il en sortit, pâle, exténué de diète et de maigreur, le hasard lui fit rencontrer un homme qui, à son aspect, poussa un cri de surprise douloureuse et vint lui serrer cordialement la main.

Pierre ne le reconnut pas d'abord.

Mais, les premières paroles échangées, ce fut à son tour d'être surpris. Le personnage qui l'abordait dans la rue n'était

rien moins que le *Père-suprême* Enfantin.

Dans les salons de la rue Monsigny,
comme dans la retraite de Ménilmontant,
le fabuliste n'avait jamais adressé la parole
au chef des apôtres.

Et celui-ci le reconnaissait, au bout de
cinq années !

Et son œil devenait humide, en voyant
les signes de misère profonde qui se tra-
hissaient dans toute la personne du malheureux poëte !

Assurément, voilà un trait qui doit faire
pardonner quelque chose au saint-simo-
nisme.

Le père Enfantin ne se borna pas à de stériles marques de sympathie.

Sa bourse fut ouverte à Pierre, et, le soir même, il donnait des ordres pour qu'on imprimât une douzaine des plus belles fables de son ex-néophyte.

Celui-ci écoula promptement son édition.

Tous les *frères* d'autrefois, ayant conclu leur paix avec le juste-milieu, se trouvaient munis de places fort avantageuses. Chacun d'eux souscrivit pour douze ou quinze exemplaires.

Lachambeaudie ne tarda pas à saisir une autre occasion de se faire connaître.

Altaroche et Bertaut, directeurs du *Charivari*, reçurent plusieurs de ses fables et les lui payèrent trois francs pièce. Mais Altaroche lui imposa la condition de ne pas les signer. Ce noble enfant de l'Auvergne laissait volontiers croire qu'elles sortaient de sa plume.

Du reste, il est coutumier du fait. On se rappelle son débat scandaleux avec Lacenaire.

Instruit de cette manœuvre indélicate et trop fréquente en littérature, le poète se fâche, envoie un huissier à la direction du *Charivari*, porte la querelle devant les tribunaux et gagne sa cause.

Mais il ne faut plus songer à imprimer une seule ligne dans les colonnes du journal.

Nous ignorons si la fable de la *Chouette voleuse*[1] est une vengeance; le lecteur en jugera.

Lasse d'avoir des fils hideux à faire peur,
Des monstres rechignés prophètes de malheur,
  Dame Chouette
   A l'alouette
  Déroba quelques nourrissons,
   Dont les chansons
  Lui valurent mainte louange.
Les oiseaux d'alentour trouvaient la chose étrange.
  Les chouettes et les hiboux
  D'un tel miracle étaient jaloux.
« Ces petits, disaient-ils, sont de jeunes merveilles;
Leurs chants mélodieux, qui charment nos oreilles,

---

[1] Édition Bry, page 57. Les autres citations sont empruntées au même recueil populaire.

Valent sans contredit les chants du rossignol. »
Ce triomphe imposteur fut de courte durée.
Avant la fin du jour, l'alouette éplorée
Vint réclamer ses fils et dénoncer le vol.

D'un écrivain forban cette fable est l'histoire.
 C'était dimanche un âne renforcé ;
Son front portait lundi l'auréole de gloire :
Dans le nid du voisin, c'est qu'il s'était glissé.

Le procès avec Altaroche souleva quelque retentissement autour du nom de Lachambeaudie, et l'heure lui parut propice pour lancer son premier recueil dans le domaine de la publicité parisienne.

A force de persévérance, et après des démarches héroïques, il trouve un imprimeur.

Les *Fables populaires* paraissent en

1839, précédées d'une préface d'Émile Souvestre.

Mais il s'agit de vendre le volume, et les libraires sont inabordables. Ces messieurs demandent d'emblée cinquante pour cent au pauvre auteur, et promettent de s'occuper du livre s'ils ont du temps de reste.

Avec ce qu'ils daignent lui laisser sur la vente, Lachambeaudie aura tout juste de quoi payer l'impression.

Que faire? Il prend un parti original.

Chaussé de sabots et vêtu d'une blouse, il s'en va colporter lui-même ses fables à domicile. Son humble costume lui permet de garder l'incognito et de *faire l'article* pour les œuvres de M. Pierre Lachambeaudie, jeune poëte de beaucoup d'avenir.

Ruse innocente et très-licite, puisqu'elle sauvait le pauvre auteur du coupe-gorge de la librairie.

Bientôt le métier devient plus rebutant que lucratif. Notre colporteur se décourage.

Un ex-saint-simonien, M. Ducatel, fabricant de fleurs, arrive à son secours.

Il le prend chez lui, et voilà Pierre métamorphosé en fleuriste, confectionnant des coiffures de mariées et découpant des feuilles à l'emporte-pièce.

Pour notre poëte, qui est loin d'être

robuste, cette profession manuelle un peu féminine vaut mieux que toute autre.

Mais en vain il apporte à ce travail la bonne volonté dont il est susceptible, ses doigts rebelles ne peuvent s'assouplir; il fait de la besogne détestable.

Lachambeaudie tombe malade une seconde fois et retourne à l'hospice, où une excellente fille, qui s'est dévouée à lui, le console par des visites fréquentes.

Cette liaison, deux années après, aboutit à un mariage.

Une fois guéri, Pierre se décide à reprendre le métier de colporteur.

Sa journée faite, il se rend, le soir, à

de modestes réunions bourgeoises, où il récite ses fables.

Et, comme il possède le rare talent d'une déclamation variée, naturelle, expressive, il reçoit de nombreux applaudissements. Tout l'auditoire le complimente, et l'on ne manque jamais de lui dire :

— Où donc peut-on se procurer vos œuvres, monsieur Lachambeaudie?

Question fort aimable, à laquelle il s'empresse de répondre :

— Mon Dieu, j'ai là dans ma poche une demi-douzaine d'exemplaires. Je les destinais à quelqu'un, mais je puis vous les céder : j'en reprendrai d'autres chez mon libraire.

Aussitôt la demi-douzaine de volumes s'enlève. Il n'y en a pas pour tout le monde.

Le fabuliste prend l'adresse des personnes qui n'ont pu être servies, et, le lendemain, il leur apporte son recueil lui-même, honnête attention qui flatte beaucoup l'acheteur, et dont on ne sait comment lui rendre grâce.

En cela consistent toutes les intrigues du cher poëte.

Le produit de ses œuvres ne l'a jamais tiré de l'indigence ; mais sa bonne humeur et sa philosophie sont inaltérables.

Il adore les enfants.

On le voit se mêler à leurs jeux avec une naïveté charmante.

Un jour, dans la rue Saint-Jacques, il rencontre les petits garçons de Barillot [1], qui jouaient aux billes en revenant de classe. Aussitôt nos écoliers de sauter aux pans de sa redingote et de lui faire bruyant accueil.

Deux minutes après, le fabuliste entamait avec eux une partie de tapette, le long du trottoir.

Ces détails servent à peindre l'homme et ne sont point oiseux.

[1] Ami du poëte, et poëte lui-même. Barillot est l'auteur de la *Folle du logis*. Quelques journaux, notamment la *Revue de Paris*, le comptent au nombre de leurs collaborateurs.

Lachambeaudie fréquentait assidûment les goguettes, la *Lice chansonnière* surtout, une des plus célèbres. Il y chantait de sa voix sympathique et vibrante des chansons qui plus d'une fois obtinrent le prix.

Ce prix consistait en vases artistiques ou en livres.

Béranger combla notre poëte d'éloges, et M. Scribe, qui avait entendu Lachambeaudie déclamer quelques fables dans un salon, l'exhorta vivement à présenter son recueil à l'Académie française.

La même année, Pierre Dupont concourait avec son poëme des *Deux Anges*, et le prix fut partagé entre les deux candidats.

Quinze cents francs échurent à Pierre Dupont. Notre héros n'en eut que cinq cents, parce que la morale démocratique de ses œuvres avait effarouché les scrupules de l'Académie.

M. Scribe devint le protecteur du fabuliste.

Il lui conseilla d'adoucir dans son livre quelques passages un peu trop rouges et lui avança l'argent nécessaire à une édition nouvelle, augmentée d'une cinquantaine de fables [1].

---

[1] Lachambeaudie compose avec une facilité prodigieuse; et c'est lui surtout que madame de la Sablière;

Cette édition parut l'année suivante.

L'Académie décerna cette fois intégralement à notre héros le prix de deux mille francs, fondé par le comte Maillé Latour-Landry, au profit du talent poétique en lutte avec la misère.

Évidemment, Lachambeaudie, comme poëte, ne doit pas être classé en première ligne.

Il manque de sens plastique. La couleur, le relief des mots, lui font presque toujours défaut. Chez lui, rarement l'i-

---

si elle vivait de nos jours, pourrait appeler le *fablier*. La Fontaine travaillait avec lenteur; mais, dans le cerveau de son émule, les fables poussent véritablement comme les pommes sur un pommier.

mage est saisissante, et il se préoccupe. trop peu de la rime. Pour un vers concis, il nous en offre dix à la suite l'un de l'autre qui pèchent par la diffusion.

Ses fables ne sont, pour la plupart, que des moralités générales présentées au moyen d'exemples.

Ce n'est pas, comme chez La Fontaine, une comédie, un drame, avec l'exposition, le nœud, les péripéties et le dénoûment.

Notre fabuliste moderne est loin de cette conception puissante.

Inutile d'ajouter qu'il ne rappelle en rien la langue savamment naïve du vieux conteur ; mais il rachète la faiblesse de la forme par la hauteur de la moralité.

Quelquefois Lachambeaudie se permet de redresser les conclusions un peu égoïstes du bonhomme.

« — Eh bien, dansez maintenant! »
A dit la fourmi cruelle.
La colombe survenant :
« — Pour la cigale, dit-elle,
J'ai des graines à son choix.
Si la pauvre créature
Ne reçut de la nature
D'autre trésor que sa voix,
De faim faut-il qu'elle meure ?
Vous travaillez à toute heure ;
Elle chante les moissons :
Ainsi tous nous remplissons
La loi que Dieu nous impose. »
L'oiseau, sans dire autre chose,
A tire-d'aile aussitôt
Part, et rapporte bientôt

Force grains, dont la cigale
A son aise se régale.

O fourmi ! ta dureté
A l'égoïste peut plaire !
Colombe, moi je préfère
Ta tendre simplicité.

L'Académie a donc surtout couronné le moraliste.

Voici quatre vers qui, peut-être à tort, ont la prétention de composer une fable, mais dont l'enseignement ne laisse rien à reprendre aux plus rigides :

Ayant perdu sa robe, on dit que l'Innocence,
En vain, pour la chercher, courut chez le Plaisir,
Chez la Fortune et la Puissance.
Qui la lui rapporta ? — Ce fut le Repentir.

Lachambeaudie a prêché la charité aux

riches ; mais il ne conseille jamais la révolte aux pauvres. Sans cesse il excite le prolétaire au travail et à la patience.

Un voyageur, passant sur des monts escarpés,
  Vit des travailleurs occupés
A faire dans le roc des entailles énormes.
« Infortunés ! dit-il, tailler ces blocs informes
Est un rude travail pour un mince trésor.
— Non, s'écrie un passant, ce sont des mines d'or ! »
Aussitôt l'étranger, poursuivant son voyage,
Arrive vers la mer et s'arrête au rivage.
  Or, voyant au loin des plongeurs
Qui visitaient des flots les sombres profondeurs
« Ces fous rasent, dit-il, l'écueil épouvantable,
Pour rapporter enfin... des cailloux et du sable ! »
  Alors un pêcheur lui répond :
« L'écueil est menaçant, le gouffre est redoutable ;
  Mais on voit des perles au fond. »

Apôtres qui venez, régénérant le monde,
Ne brisez de dégoût la pioche ni la sonde
Courageux plébéiens ; fouillez, fouillez encor !
La montagne est aride et la mer est profonde ;
Mais vous y trouverez des perles et de l'or.

Cette fable donne la mesure des plus grandes hardiesses démocratiques et sociales de Pierre Lachambeaudie.

Nous affirmons qu'il est impossible de trouver un cœur plus simple, une âme plus candide, une nature plus modeste, plus inoffensive et plus désintéressée.

Que de fois, à l'époque même où il manquait du nécessaire, n'a-t-il pas vidé tout le contenu de sa bourse dans la main d'un ami plus pauvre!

Saint Martin n'avait donné que la moitié de son manteau.

Le poëte prenait alors sous le bras quelques-uns de ses petits livres, et s'en allait tranquillement refaire sa fortune pour une semaine ou deux.

Après avoir amassé péniblement la somme nécessaire au payement de son loyer, il s'en dessaisit, le jour du terme, pour faire enterrer la femme d'un de ses vieux camarades.

Une autre fois, bien que menacé par son propriétaire, il donna jusqu'à son dernier sou à une famille d'artisans plongée dans une détresse affreuse.

Ses meubles furent vendus.

Lachambaudie est flâneur comme La Fontaine, et jamais Figaro n'a cultivé avec plus de délices la paresse et le bavardage.

Une fois que notre poëte enfourche le dada des rêveries humanitaires, il ne s'appartient plus. Vous le conduisez où bon vous semble.

Ses amis connaissent son faible, et parfois ils en abusent.

Quand Pierre se déclare trop fatigué pour aller à quelques réunions intimes où l'on espère lui entendre réciter ses fables, il reste toujours à celui qui insiste un moyen assuré de se faire suivre.

Il suffit d'amener notre homme sur le terrain d'une question bien et dûment socialiste.

Alors, si l'interlocuteur se lève et prend son chapeau, Lachambeaudie coiffe sa casquette, descend avec lui et l'accompagne, tout en discourant, jusqu'à destination.

Du reste, le bonheur de l'humanité n'est pas seul capable de lui faire oublier les distances.

La poésie partage le privilége.

Mais, il faut le dire, c'est principalement de la sienne que Lachambeaudie aime à parler sans repos ni trêve.

Priez-le de vous dire ses fables, et vous le ferez marcher douze heures de suite.

Un habitué de la *Lice chansonnière*,

passant, un jour, sur le boulevard Montparnasse, où demeurait le poëte, le trouve au seuil de sa porte, tenant dans ses bras son fils, âgé de dix-huit mois.

— Viens-tu me faire un bout de conduite? lui dit-il.

— Je le veux bien, répond Lachambeaudie, mais seulement jusqu'au Luxembourg.

Chemin faisant, l'ami perfide le met sur le terrain des fables, et Pierre, sa progéniture sur les bras, commence à réciter le *Rossignol*, — l'*Étoile et la Fleur*, — le *Gland et le Champignon*, — la *Source*, — le *Chêne et le Coin*, — la *Locomotive et le Cheval*, sans compter une foule d'autres, dont il serait trop long d'énumérer les titres.

A cinq heures du soir, il déclamait encore.

— Papa, j'ai faim, dit le marmot.

— Bonté divine! où suis-je? s'écria Pierre.

Il était au bout de la plaine Saint-Ouen. Pour regagner ses pénates, il avait trois heures de marche, rien de plus.

Une manie de notre homme, aussi étrange pour le moins et qui lui a fait souvent encourir le reproche de manquer à la politesse la plus vulgaire, c'est de nejamais répondre à une lettre, quelle que soit l'importance des choses qu'on lui écrive.

Si vous demeurez dans un rayon de cinq ou six lieues de Paris, il viendra lui-même, à pied, vous apporter une réponse verbale.

Autrement, vous n'aurez jamais de ses nouvelles.

Or ceci tient à une petite vanité du fabuliste.

Comme il n'écrit pas à beaucoup près aussi bien en prose qu'en vers, il n'est pas d'humeur à multiplier des autographes qui ne vaudraient pas précisément ceux de madame de Sévigné.

Puisque nous sommes en train de jeter quelques ombres au tableau, disons que Lachambeaudie n'est plus de la première jeunesse et que cependant il aime le sexe tendre au delà de toute limite raisonnable.

Ce goût trop vif et trop païen pour les joies de Cythère lui a même suggéré un système qu'il appelle la *grande communion de l'amour*.

On ne se guérit pas aisément des habitudes saint-simoniennes.

Ajoutons bien vite que notre poëte est l'honneur même et la délicatesse incarnée.

L'argent qu'il reçut de l'Académie fut employé jusqu'au dernier centime à solder les personnes envers lesquelles il avait contracté quelque engagement.

Aujourd'hui plus que jamais il est dans la misère, mais il n'a pas une dette.

Béranger dit de lui : « C'est un homme antique. »

En effet, comme la plupart de ses camarades en fausses doctrines sociales, Pierre n'a jamais envié ni la richesse ni les avantages matériels dont elle est la source.

Il porte les habits et mène l'existence d'un ouvrier.

Du vivant de sa femme¹, la voyant oc-

¹ Elle est morte folle en 1851. Les soins aussi as-

cupée tout le jour à son état de blanchisseuse, il allait acheter lui-même les provisions du ménage.

Cette simplicité de mœurs ne l'empêche pas d'avoir des relations suivies avec beaucoup d'hommes célèbres dans les lettres.

MM. Léon Gozlan, Félix Pyat, Victor Schœlcher, Hippolyte Lucas et l'académicien Pongerville sont fiers de le recevoir. Ils le nomment hautement leur ami, à l'exemple de Scribe et de Béranger.

C'est pour mademoiselle Léontine Gozlan que Lachambaudie composa la fable suivante :

sidus que désintéressés du docteur Pinel-Grandchamp ne purent la guérir.

Exilé sur la terre, Apollon, dieu du jour,
Berger, prit pour compagne une simple bergère.
  Or il naquit de leur amour
  Une fille espiègle, légère,
Semblable par l'esprit à son père immortel,
Par le cœur s'élevant jusqu'au cœur maternel.
  Apollon lui dit : « O ma fille!
  De nous deux qui préfères-tu ? »
Alors l'aimable enfant : « — Ma mère a la vertu,
Le dévouement, dit-elle, et toi, le nom qui brille :
Pour ta gloire, je veux, mon père, t'admirer ;
Ma mère, pour ton cœur, laisse-moi t'adorer. »

Lachambeaudie, en véritable poëte, professe une vive admiration pour la nature.

—Il a composé la plus grande partie de ses fables dans les bois et dans les campagnes. Les oiseaux et les fleurs sont principalement l'objet de sa prédilection.

Quand il ne rime pas, il herborise.

On assure qu'il est servi en cela par une vue si prodigieusement perçante, qu'elle lui permet de distinguer à plus de soixante pas des myosotis perdus dans l'herbe.

Dès que parurent ses premières œuvres, le fabuliste gagna toute la sympathie du quartier latin.

Les étudiants aimaient à entendre ses vers et lui payaient généreusement son volume.

Néanmoins il fut contraint de renoncer à une société qui l'exposait trop souvent à passer les nuits, à déclamer, à chanter, à banqueter et à boire. Un anévrisme au cœur, dont il est affligé de longue date, le menaçait de suffocation après tout excès de ce genre.

Quand survinrent les événements de 1848, Lachambeaudie, depuis un an, se trouvait employé chez Émile Marco Saint-Hilaire.

Grâce à la loi du timbre sur le roman-feuilleton, cet honnête historien des faits et gestes du grand empereur en était venu à monter, pour vivre, un bureau de copie, dans lequel il offrait du travail aux gens de lettres sans ouvrage.

Nécessairement notre pauvre poëte était du nombre.

Auguste Blanqui alla le prendre chez

Marco et le fit nommer vice-président de son club.

Cette étrange fantaisie de métamorphoser en homme politique le fabuliste populaire ne devait produire que désastres et malheurs.

Fermé le 15 mai, le club fut ouvert de nouveau par Alphonse Esquiros, qui n'eut rien de plus pressé lui-même que d'accaparer Lachambeaudie.

Dans ce club où grondait la tourmente révolutionnaire et où se succédaient à la tribune Dieu sait quels orateurs, on était surpris de voir tout à coup cesser les hurlements de la Gorgone politique et le calme succéder à l'orage.

C'est qu'on avait aperçu Lachambeaudie quittant sa place et s'avançant au bord de l'estrade.

On savait qu'il allait dire une fable.

Le silence régnait partout; chaque oreille devenait religieusement attentive, et, lorsqu'il avait fini, l'auditoire se livrait aux transports d'un enthousiasme prolongé.

Celle de ses compositions qui obtenait les plus vifs applaudissements, était le *Cheval et la Locomotive*, apologie très-sage du progrès, dont le seul tort fut d'être poussée à l'extrême par les passions du club.

Après la terrible bataille de juin, Lachambeaudie, qui n'avait pas quitté sa famille dans ces jours de sang et de deuil, fut arrêté et conduit dans un fort.

Béranger, convaincu de l'innocence du poëte, sollicita et obtint du général Cavaignac sa mise en liberté.

L'illustre vieillard voulut aller porter lui-même l'ordre d'élargissement. Il trouva le prisonnier calme et le sourire aux lèvres.

— Je savais bien, dit-il, que Dieu et vous ne m'abandonneriez pas.

Le lendemain, Béranger reçut ces quatre vers

Du génie et du cœur puissance souveraine !
Poëte, d'un captif quand vous brisez la chaîne,
Coupable, il est purifié ;
Innocent, il se lève et sort glorifié.

Pierre, en sortant de prison, recommença son existence d'autrefois et tâcha de vendre quelques volumes pour se nourrir et pour nourrir les siens.

Mais, chaque semaine, on l'arrêtait comme violateur de la loi qui règle le colportage.

Il fallait que des amis influents vinssent protester de sa nature paisible et inoffensive, afin de l'arracher aux verrous de la Conciergerie.

Le poëte n'était plus affilié à aucun club.

Seulement il allait de temps à autre à la salle Martel, toujours pour y lire ses fables.

Il nous souvient de l'avoir entendu, un soir, donner la réplique à mademoiselle Maxime, cette rivale éphémère de Rachel, qui déclamait là quelques scènes de la *Jeanne d'Arc* de Soumet.

Notre héros eut un succès prodigieux. Il éclipsa complétement la tragédienne.

On voulut le porter en triomphe. La salle entière délirait.

Une femme (il y en avait de bien surprenantes à cette époque) s'élança pour lui poser sur la tête une couronne de lauriers. Il eut le bon goût de la prier de retourner à sa place.

Au 2 décembre, il fut arrêté de nouveau et jeté sur le *Duguesclin*, avec Cayenne en perspective.

Dans ces tristes conjonctures, il déploya un vrai courage.

Tantôt par des récits, tantôt par des chansons, il égayait ses camarades de captivité et les matelots du bord. Jamais il n'eut sur les lèvres une parole de colère, jamais un mot de désespoir.

Sa peine fut commuée en celle de l'exil.

On attribue cette grâce à l'intercession de M. de Persigny.

Au moment où nous écrivons, le poëte habite Bruxelles et vit péniblement du produit des romances qu'il compose.

Nous ne terminerons pas ce volume sans mettre sous les yeux du lecteur celle des fables de Pierre Lachambeaudie que nous regardons comme son chef-d'œuvre, bien que nos trop clairvoyants académiciens l'aient signalée pour ses criminelles tendances.

Ils sont très sévères, dans ce docte aréopage, excepté pour l'Orléanisme, auquel ils accordent pleinement ses coudées franches.

La fable dont nous parlons a pour titre la *Goutte d'eau.*

Un orage grondait à l'horizon lointain,
Lorsqu'une goutte d'eau, s'échappant de la nue,
Tombe au sein de la mer et pleure son destin.
« Me voilà dans les flots, inutile, inconnue,
Ainsi qu'un grain de sable au milieu des déserts !
Quand au souffle du vent je roulais dans les airs,
Un plus bel avenir s'offrait à ma pensée :
J'espérais sur la terre avoir pour oreiller
L'aile du papillon ou la fleur nuancée,
Ou sur le gazon vert et m'asseoir et briller ! »
Elle parlait encore : une huître, à son passage,
S'entr'ouvre, la reçoit, se referme soudain.
Celle qui supportait la vie avec dédain
Durcit, se cristallise au fond du coquillage,
Devient perle bientôt, et la main du plongeur
La délivre de l'onde et de sa prison noire,

Et, depuis, on l'a vue, éclatante de gloire,
Sur la couronne d'or d'un puissant empereur.

O toi, vierge sans nom, fille du prolétaire,
Qui retrempes ton âme au creuset du malheur,
Un travail incessant fut ton lot sur la terre;
Prends courage! ici-bas chacun aura son tour :
Dans les flots de ce monde, où tu vis solitaire,
Comme la goutte d'eau tu seras perle un jour.

Pauvre et inoffensif poëte!

Ils voulaient pourtant biffer ces vers et couper la plus belle fleur de ton jardin poétique!

Tu serais mieux établi dans leur estime, si tu avais, à l'exemple du chantre d'Estagel, composé la *Philippide*.

On nous annonce que Lachambeaudie

est, en ce moment, fort malade à Bruxelles.

Pour la troisième fois le voilà sur un lit d'hôpital. Dieu veuille que nous n'ayons pas à inscrire un nouveau nom dans le martyrologe des poëtes, à côté de ceux de Chatterton, de Malfilâtre, de Gilbert et d'Hégésippe Moreau!

FIN.

Mon cher Marix,

Vous avez annoncé ma participation à votre concert, ainsi que je vous y avais autorisé il y a une quinzaine de jours. Alors j'étais loin de m'attendre au coup terrible qui est venu me frapper. Vous comprendrez quelle réserve m'impose la position nouvelle que le sort m'a faite.

Plus tard, si l'occasion se présente où ma présence vous soit utile, comptez sur la bonne volonté

de votre dévoué

Pierre Lachambeaudie

Imp. V. Janson, rue Dauphine, 19, Paris.

25 CENTIMES LA LIVRAISON AVEC GRAVURES

LES
CONTEMPLATIONS

PAR

VICTOR HUGO

ÉDITION ILLUSTRÉE PAR J. A. BEAUCE

La publication des deux volumes de poésies que Victor Hugo a intitulés les *Contemplations* a été en Europe un véritable événement littéraire. Depuis longtemps annoncée et impatiemment attendue, cette œuvre nouvelle du grand poëte lyrique, dont la muse avait gardé un silence de près de quinze années, a produit une vive impression sur tous les esprits cultivés, sur toutes les âmes bien douées. Il faudrait un volume entier pour reproduire les éloges que toute la presse française et étrangère a décernés à ces admirables inspirations poétiques avec une unanimité sans exemple.

Dignes frères de leurs aînés, ces deux volumes des *Contemplations* ont cela de particulier qu'on entend vibrer dans les poëmes si divers, si variés qui les composent toutes les cordes de la lyre du poëte. Dans le premier livre, *Aurore*, chant plein de fraîcheur, de grâce, de jeunesse exubérante, la corde sonore et brillante des *Odes et Ballades* et des *Orientales;* dans le second et le troisième livre, l'*Ame en fleur* et les *Luttes et les Rêves*, c'est la passion, le sentiment exquis et la richesse d'imagination des *Feuilles d'Automne* et des *Chants du crépuscule*. Dans la quatrième partie, entièrement consacrée à la fille du poëte, morte, on s'en souvient, d'une mort si terrible et si inattendue, c'est l'amour paternel traduisant en poëmes sublimes les déchirements d'un cœur profondément atteint, c'est l'élévation de pensée, c'est la puissante éloquence, c'est la pureté d'expression des *Voix intérieures* et des *Rayons et des Ombres;* enfin, dans les deux dernières parties, *En Marche* et *Au bord de l'Infini*, le poëte, supérieur à lui-même et à son passé, nous apparaît dans le plus splendide épanouissement de sa maturité. Ce n'est plus le Tasse; ce n'est plus Byron, ce n'est plus

Gœthe, ce n'est plus seulement le maître de la poésie lyrique en France; c'est quelque chose d'homérique et de dantesque à la fois, la plus haute expression du génie inspiré par la contemplation philosophique des merveilles infinies que Dieu a semées en deçà et au delà de l'homme et de notre univers visible.

Rien ne saurait, du reste, mieux donner une idée de ce livre que ces lignes empruntées à la préface :

« Qu'est ce que les *Contemplations?* C'est ce qu'on pourrait appeler, si le mot n'avait quelque prétention, les *Mémoires d'une âme.*

« Ce sont, en effet, toutes les impressions, tous les souvenirs, toutes les réalités, tous les fantômes vagues, riants ou funèbres que peut contenir une conscience, revenus et rappelés, rayon à rayon, soupir à soupir, et mêlés dans la même nuée sombre. C'est l'existence humaine sortant de l'énigme du berceau et aboutissant à l'énigme du cercueil; c'est un esprit qui marche de lueur en lueur en laissant derrière lui la jeunesse, l'amour, l'illusion, le combat, le désespoir, et qui s'arrête éperdu « au bord de l'infini. » Cela commence par un sourire, continue par un sanglot et finit par un bruit du clairon de l'abîme.

« Une destinée est écrite là jour à jour. »

La nouvelle édition que nous offrons aujourd'hui au public, après l'immense succès des précédentes, a été revue et corrigée avec le plus grand soin. Elle est ornée de douze magnifiques gravures, dessinées spécialement par M. J.-A. Beaucé pour cette œuvre d'élite, et appropriées aux pages les plus saisissantes des principales pièces.

CONDITIONS DE LA SOUSCRIPTION

Les Contemplations formeront 2 volumes grand in-8. 12 vignettes par J.-A. Beaucé, tirées à part, illustreront cet ouvrage, qui sera publié en 52 livraisons à 25 centimes.

Une ou deux livraisons par semaine. — L'ouvrage complet, 13 fr.

AVIS

Les 12 gravures des *Contemplations* ont été exécutées spécialement pour cette édition. La collection en sera vendue séparément au prix de 2 *francs* pour les personnes qui ont acheté les précédentes éditions non illustrées.

ON SOUSCRIT A PARIS CHEZ GUSTAVE HAVARD
15, RUE GUÉNÉGAUD, 15

PARIS. — IMP. SIMON RAÇON ET COMP.; RUE D'ERFURTH, 1.

VIENT DE PARAITRE

25 CENTIMES LA LIVRAISON AVEC GRAVURES

MÉMOIRES
DE
NINON DE LENCLOS

PAR

EUGÈNE DE MIRECOURT

Auteur des *Confessions de Marion Delorme*

2 volumes grand in-8° jésus, illustrés par J.-A. BEAUCÉ

Le succès obtenu par les *Confessions de Marion Delorme* nous décide à publier sans interruption un second ouvrage, qui en est, pour ainsi dire, le complément.

A l'étude si dramatique et si intéressante du siècle de Louis XIII, M. Eugène de Mirecourt va faire succéder l'étude du grand siècle, que mademoiselle de Lenclos a parcouru dans toute sa durée et dans toute sa gloire.

Nous allons retrouver ici, sous un autre point de vue et dans des circonstances différentes, beaucoup de personnages du premier livre, mêlés à de nouveaux drames et à des péripéties plus saisissantes peut-être. L'histoire de Marion Delorme finit à la Fronde ; celle de Ninon de Lenclos traverse une période de soixante années au delà, marche côte à côte avec le siècle de Louis XIV, en coudoie toutes les illustrations, tous les héroïsmes, et s'arrête au berceau de Voltaire.

Nous ne négligerons rien pour donner à cet ouvrage, comme au précédent, tout le luxe typographique possible, et les dessins des gravures continueront d'être confiés au spirituel et fin crayon de M. J.-A. Beaucé.

La publication aura lieu également, soit par livraisons, soit par séries, au choix des souscripteurs.

CONDITIONS DE LA SOUSCRIPTION

Les Mémoires de Ninon de Lenclos, par Eugène de Mirecourt, formeront 2 volumes grand in-8°.

20 gravures sur acier et sur bois, tirées à part, dessinées par J.-A. Beaucé, et gravées par les meilleurs artistes, illustreront cet ouvrage, qui sera publié en 60 livraisons à 25 cent., et en 10 séries brochées à 1 fr. 50 c. chaque.

Chaque livraison contiendra invariablement 16 pages de texte. Les gravures seront données en sus. — Une ou deux livraisons par semaine.

L'ouvrage complet, 15 fr.

ON SOUSCRIT A PARIS
CHEZ GUSTAVE HAVARD, LIBRAIRE-ÉDITEUR
15, RUE GUÉNÉGAUD,

Et chez tous les Libraires de la France et de l'Étranger.

PARIS. — IMP. SIMON RAÇON ET COMP., RUE D'ERFURTH, 1

www.ingramcontent.com/pod-product-compliance
Lightning Source LLC
LaVergne TN
LVHW050636090426
835512LV00007B/890